LA BASILIQUE

DE

N.-D. DE LA TREILLE

LILLE
Imprimerie du Nouvelliste et de la Dépêche
1893

LA BASILIQUE

DE

N.-D. DE LA TREILLE

LILLE
Imprimerie du Nouvelliste et de la Dépêche

1893

Se vend 50 centimes au profit de la construction
S'adresser à la Basilique.

La Basilique de Notre-Dame de la Treille

LA BASILIQUE DE NOTRE-DAME DE LA TREILLE (Façade principale)

JULES DUTHIL

LA BASILIQUE

DE

N.-D. DE LA TREILLE

LILLE
Imprimerie du Nouvelliste et de la Dépêche
1893

LA BASILIQUE

DE

NOTRE-DAME DE LA TREILLE

Dans sa séance du 25 mars 1892, le conseil d'administration de l'œuvre de Notre-Dame de la Treille décida qu'on transporterait dans l'intérieur de la basilique, pour y être exposés, les plans et maquettes de l'édifice. Non content, en effet, de tracer, sur le papier, tous les dessins relatifs à la construction, l'éminent architecte de la basilique consacra plusieurs années de sa vie d'artiste à exécuter, à une grande échelle, une ravissante miniature de son œuvre.

Cette maquette et les dessins splendides qui la complètent permettent aux personnes les moins préparées à la lecture des plans d'architecture de juger à première vue le travail, d'en comprendre le caractère grandiose et de voir dès à présent ce que sera l'église après son entier achèvement.

Nous voudrions, nous basant sur ces précieux

documents, essayer une sommaire description du futur édifice.

L'heure, d'ailleurs, semble propice entre toutes.

Il se fait dans l'opinion, en faveur de la reprise des travaux, un mouvement sérieux, discret encore, mais déjà plus que suffisant pour donner, à cette courte étude, l'intérêt de l'actualité.

Depuis vingt ans, on le sait, la vie semblait s'être retirée de notre basilique naissante, et ce n'est pas sans une certaine mélancolie impatiente que notre génération attendait l'heure de la résurrection.

Que de regrets l'interruption des travaux n'a-t-elle pas suscités ! que de plaintes amères, injustes même, n'avons-nous pas entendues ?

« Les catholiques lillois, disait-on, entreprennent beaucoup ; comme initiative ils n'ont pas leurs pareils, mais ils ne terminent rien. Lorsqu'ils ont commencé une chose ils passent à une autre, sans s'inquiéter d'assurer la perpétuité de leurs œuvres.

» Si les générations futures n'ont rien de mieux à faire, peut-être tout cela vivra-t-il, mais si le vent tourne, si les circonstances sont peu favorables, un jour ou l'autre tout s'effondrera, et de tant d'activité, de tant d'efforts, de tant d'argent dépensé, il ne restera rien, rien que le triste exemple d'une vaine agitation, quelque chose comme une nouvelle leçon de Babel, ou des ruines, peut-être moins : de vagues et lointains souvenirs diront la vanité d'un zèle plus impétueux que persévérant. »

La mauvaise humeur qu'exhalent ces paroles témoigne au moins de l'intérêt qui s'attache à l'œuvre de Notre-Dame de la Treille, et cet intérêt n'est-il pas, en quelque sorte, une circonstance atténuante pour ce qu'il y a de souverainement injuste dans les durs propos que nous relatons ?

Seul, le malheur des temps a obligé les catholiques du Nord à ne pas limiter leurs efforts aux institutions capitales : la Basilique de Notre-Dame de la Treille, l'Université catholique et l'Evêché de Lille, qui, menées à bien, suffiraient à laisser, par leurs féconds résultats, la trace d'un siècle et d'une province dans l'histoire religieuse des âges.

Mais à qui la faute si des lois liberticides ont forcé les catholiques à se saigner à blanc pour assurer à l'enfance un abri contre les écoles d'athéisme ? à qui la faute si la guerre religieuse, portée dans tous les domaines, a contraint d'organiser partout des œuvres de combat, qui ont fait momentanément ajourner l'œuvre pacifiante de Notre-Dame de la Treille ?

Aujourd'hui, toutes ces institutions circonstancielles sont établies et dureront tant que dureront les causes qui les ont fait naître ; mais si leur fonctionnement entraîne de lourdes charges, les frais d'installation sont couverts, et ce que la charité chrétienne n'a plus à prélever dans ce but doit revenir aux entreprises primordiales que nous indiquions plus haut.

D'ailleurs, si, depuis vingt ans, pas une pierre n'a été ajoutée à la cathédrale de Lille, le temps n'a pas été entièrement perdu. Les terrains, dont on n'avait que la location, ont été acquis, et aussi tous ceux nécessaires à l'établissement d'un évêché à Lille.

C'est l'avenir assuré, et ce résultat n'est point à dédaigner.

De plus, toute la sculpture des chapiteaux qui doivent surmonter les colonnes est terminée.

Or, voici que les chantiers depuis si longtemps déserts vont se repeupler et qu'au mois de mai prochain les travaux vont reprendre par l'achèvement complet de la chapelle absidale.

Puis on continuera la crypte sous le transept, et il dépendra uniquement de la générosité des fidèles qu'aucune nouvelle interruption ne surgisse.

C'est un véritable renouveau de l'œuvre de Notre-Dame de la Treille que nous saluons aujourd'hui, renouveau dû surtout, nous tenons à le constater, à la reconstitution de l'antique archiconfrérie, sur les listes de laquelle, par une faveur *unique*, le Saint-Père a daigné tout récemment se faire inscrire ; aussi, en décrivant brièvement le futur édifice, ne ferons-nous que donner un avant-goût de l'église que nos concitoyens verront désormais croître d'année en année.

Les plans suivis sont ceux de notre éminent et regretté concitoyen, M. Leroy. L'auteur, en s'inspirant largement des projets primés au concours de 1856, et notamment de celui de M. Lassus, a fait une œuvre originale, sagement audacieuse, très équilibrée, n'ayant rien à craindre des intempéries du climat, harmonieuse dans son ensemble, très poussée dans ses détails les plus délicats et pouvant, en tous points, rivaliser avec les cathédrales les plus renommées de France.

Le P. Martin de la Compagnie de Jésus, qu'il y aurait iniquité à ne pas nommer ici, a été dans cette grandiose conception le collaborateur dévoué de M. Leroy ; c'est à lui qu'on doit, en partie, la belle chapelle absidale appelée à devenir l'habitacle de la Vierge de Lille.

Mais si l'on a beaucoup admiré, en 1856, les quarante-deux projets exposés dans la Halle au Sucre, les dessins définitifs étaient inconnus du public, et ce sont eux que nos concitoyens peuvent visiter à présent, moyennant la modique rétribution de cinquante centimes au profit de l'œuvre.

Nous les avons vus et étudiés avec un profond sentiment d'admiration. Ils nous promettent un sanctuaire magistral, vraiment digne de la Vierge de Lille et des catholiques populations du Nord.

On comprend que l'illustre Viollet-Leduc, qui cependant n'était pas prodigue d'éloges, ému de la beauté de ces dessins, se soit écrié dans l'enthousiasme de son âme d'artiste : « que notre église serait le chef-d'œuvre du XIXe siècle ».

Rien en effet, dans les conceptions modernes, n'approche de cette imposante création.

On y sent circuler une grande pensée d'esthétique catholique. C'est de l'art chrétien au sens le plus absolu du mot, plus chrétien que la basilique du Sacré-Cœur à Paris, d'une impression plus profondément religieuse, d'un symbolisme plus sensible, d'un effet plus grand et d'une dépense beaucoup moins considérable.

C'est en même temps de l'art vraiment national, de l'architecture essentiellement française. Après bien des controverses il est aujourd'hui irréfutablement démontré que non seulement l'architecture gothique n'a eu ses vrais chefs-d'œuvre qu'en France, mais que c'est en France qu'elle est née, dans ces mêmes provinces du Nord qui eurent l'honneur de voir la langue française sortir de leur vieux dialecte, de la langue d'oïl. Aussi, eût-il été inadmissible que dans notre patriote et fervente région, berceau d'un art si expressif, si français et si chrétien, on eût eu recours à une autre formule architecturale. On n'y a jamais songé d'ailleurs, et cette formule fut la première condition imposée aux participants du célèbre concours de 1856.

L'œuvre est conçue dans le plus pur style ogival du XIIIe siècle, et depuis le plan jusqu'aux moindres détails des élévations, tout s'harmonise dans une même pensée, dans un style rigoureusement maintenu, sans la moindre incursion dans le style des

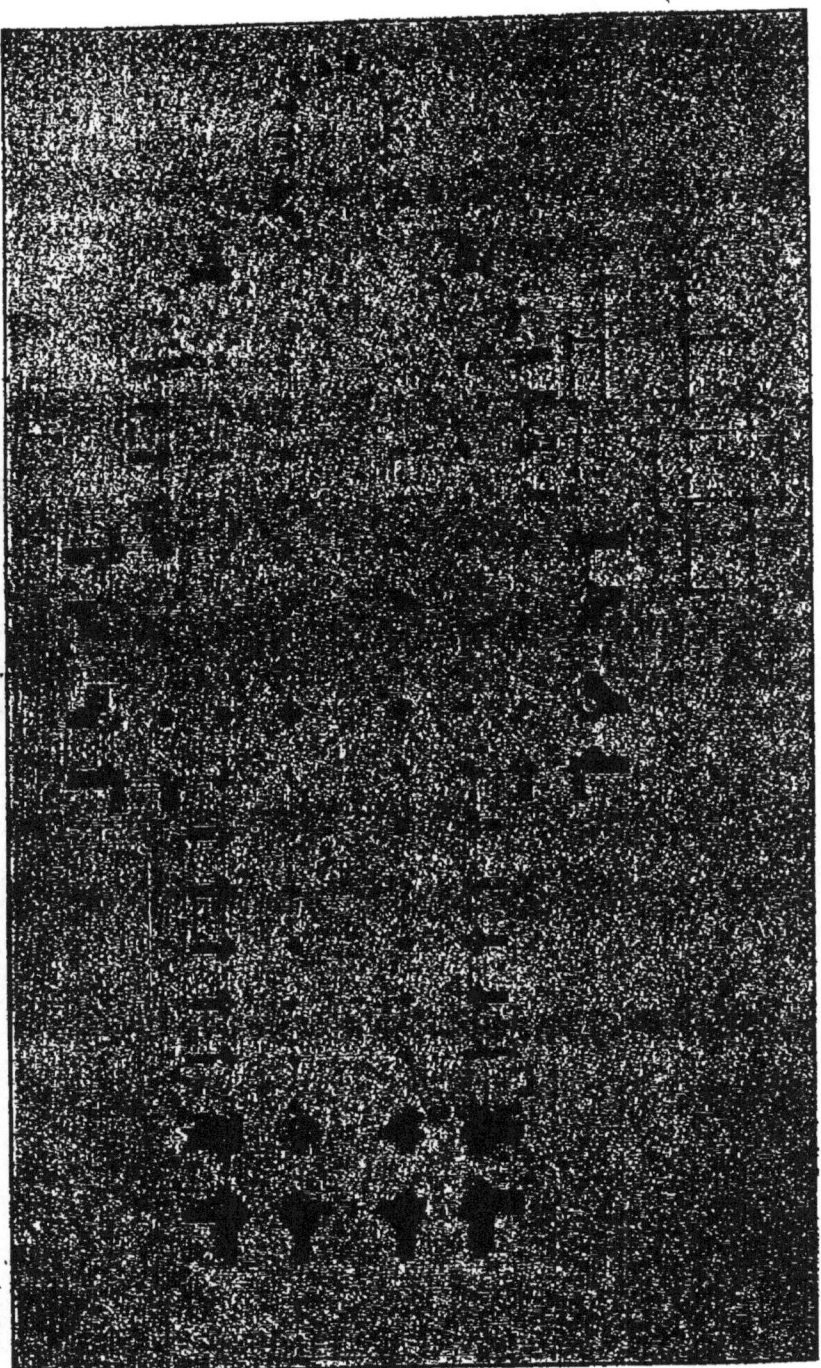

PLAN D'ENSEMBLE DE LA BASILIQUE

siècles suivants, sans un motif décoratif qui ne fasse corps avec l'édifice et n'accuse, ou ne suive, l'ossature même de la construction.

Bâtie sur l'emplacement même qui fut le berceau de la cité, notre église, isolée de toutes parts, aura la forme d'une croix latine.

Comme les basiliques élevées au XIIIe siècle, elle n'aura que trois nefs, et, sauf la chapelle des fonts baptismaux et celle des morts faisant saillie extérieure près du porche et qu'on trouvera peut-être moyen de reléguer dans le narthex, elle sera dépourvue de ces multiples chapelles qui ont été flanquées après coup sur les collatéraux de la nef, dans presque toutes les cathédrales, et déforment le plan primordial, mais le chœur, qui figure le haut de la croix, sera, conformément à la tradition, encerclé d'une auréole de chapelles absidales.

Du chevet au porche, la basilique mesurera 132 mètres, elle aura 54 mètres 80 de large au transept, 26,40 à la nef et 38,80 dans le pourtour du chœur ; elle couvrira une surface de plus de 5,000 mètres.

Notre collégiale se divise en deux parties : l'église haute et la crypte. Celle-ci s'étendra sous tout l'édifice. Déjà elle couvre une superficie de plus de sept cents mètres et constitue une église souterraine souverainement belle.

Haute de 4 m. 50 sous la nef et le transept, de 5 m. 20 sous le chœur et les chapelles absidales, cette catacombe sera d'un effet saisissant. Il suffit de descendre, un jour de dimanche ou de fête, dans la partie qui est terminée pour recevoir l'impression de grandeur qui s'en dégage (1).

Par un effet d'optique très ordinaire, le peu d'élévation des arceaux fait paraître plus vaste l'énorme hypogée ; en le parcourant, on a une poignante sensation d'immensité. Que sera-ce lorsque la superficie actuelle sera sextuplée, et de quel vertige mystique ne sera-t-on pas saisi en descendant dans ses profondeurs et en voyant les nefs s'allonger à perte de vue dans le mystère de la pénombre ?

Certes, l'église supérieure sera admirable, et, par ses belles proportions, pourra défier toutes les comparaisons, elle n'éclipsera pas la crypte, qui restera une œuvre unique.

Mais en la creusant sous tout le vaisseau de la basilique, l'architecte n'a pas eu seulement en vue de produire une colossale impression d'art, il a entendu surtout assurer la conservation du monument.

L'excavation, on le sait, empêche la désagrégation des matériaux, qui sans cela puiseraient lentement dans l'humidité du sol des germes de destruction. Dans notre climat, une telle mesure s'imposait, et le supplément de dépense qu'elle entraîne constituera, pour l'avenir, une sage précaution et une réelle économie. Elle évitera ces réparations permanentes, la plaie de l'architecture gothique, qui rendent si onéreux

---

(1) La crypte est visible les dimanches et jours de fête de dix heures du matin à quatre heures de l'après-midi.

l'entretien de nos anciennes cathédrales, lesquelles ne subsistent, il faut bien l'avouer, qu'en ayant fréquemment des légions d'ouvriers attachées à leurs flancs. L'auteur a voulu faire ici une œuvre durable, à l'abri des outrages du temps, et l'on peut assurer que par l'emploi des matériaux et les dispositions prises, le but sera atteint, si l'on suit fidèlement son programme.

La crypte sera consacrée à la mémoire des défunts.

Des piliers trapus surmontés de chapiteaux aux volutes austères soutiennent les voûtes sur croisées d'ogives.

Plusieurs autels seront dressés dans cette immense catacombe. Au chœur le Martyrium ou autel de la Confession. C'est là que seront déposées les saintes reliques des martyrs et des confesseurs.

Les chapelles du transept seront placées l'une sous le vocable de la Mère des Douleurs, l'autre sous ceux du saint Sauveur et de sainte Marie-Madeleine ; la grande chapelle de l'abside sera consacrée à saint Joseph ; les petites chapelles absidales à sainte Catherine, saint Etienne, saint André et saint Maurice.

Ainsi tous les saints patrons des paroisses du Vieux-Lille auront leur autel dans cette crypte et sans doute ces paroisses tiendront à honneur de faire elles-mêmes les frais des autels et des statues artistiques qui les surmonteront.

Outre les groupes en marbre de la Mater Dolorosa et du Calvaire au transept, du Christ au tombeau à l'autel de la Confession, la crypte aura une fastueuse décoration de pierres funéraires en marbre qui recouvrira toutes les parois de ses murailles.

Ces pierres, qui présenteront un jour la généalogie des premières familles de la cité, sont historiées dans leur partie supérieure et relatent par l'iconographie la vie des saints auxquels les autels sont dédiés ; elles contiennent, en outre, des inscriptions commémoratives (1).

Quarante-six de ces pierres sont déjà posées, plusieurs autres sont en voie d'exécution. Elles sont de toute beauté, d'une richesse et d'une pureté de style remarquables. Le dessin en est dû à M. Didron. Nous y relevons les noms suivants : Jean Le Vasseur, qui consacra la ville de Lille à Notre-Dame de la Treille, le 28 octobre 1634, Dehau-Defontaine, Van der Cruyssen de Waziers, de Pas, de Courcelles, de Germiny, de Caulaincourt, Gonnet, d'Hespel-Lebon, Edouard Remy, Casteleyn-Lebon, Malfait-Smet, Trannin-Proyart, Masse-Lefebvre, Carlier-Mahy, Bertelot, abbé Charles Bernard, Virnot, Jonglez de Ligne, Bernard-Beaussier, de la Granville, Droulers, Kolb-Bernard, Cuvelier-Bernard, Henri Bernard-Charvet, Alexandre Jonglez, Félix Bernard, Vrau, Debayser-Dupré, Meurisse-Deruelle, Delcourt-Meurisse, Vandame-Buisine, Vandame-Meurisse, Charles Verley,

---

(1) Pour l'acquisition de ces pierres, de différentes grandeurs et de différents prix, s'adresser à MM. les chapelains de la basilique.

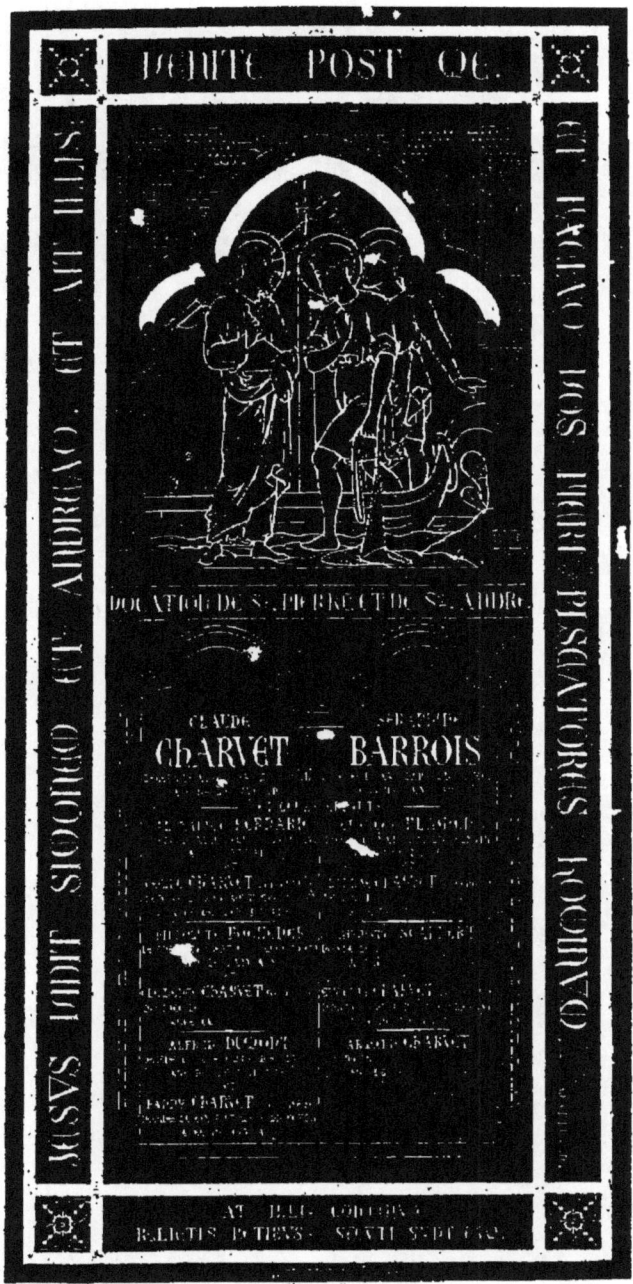

PIERRE TOMBALE DE LA CRYPTE

Clainpanain, Delcourt-Malfait, Vennin-Dérégniaux, les conférences de Saint-Vincent de Paul, Adèle-Félicie Caron, de Muyssart, de Renty, Verley-Crouan, Charvet-Barrois, abbé Desplanques, Baillieu d'Avrincourt, Leclercq des Champagnes, Colombier, Dehau-Deleruyelle, Boutry Van Isselsteyn, chanoine Deroubaix.

La crypte s'éclaire par des fenêtres en pointes d'ogives ornées de vitraux en grisailles. Son luminaire sera formé de suspensions figurant un cercle, constellé de cabochons, accroché à la voûte par des cordes de bronze.

Telle qu'elle est actuellement, cette crypte cause un admiratif étonnement aux visiteurs, qui tous sont unanimes à lui reconnaître un caractère architectural sans égal dans les plus anciennes et les plus splendides basiliques.

On prétend que pour avoir la cathédrale idéale, il faudrait le portail de Reims, la nef d'Amiens, le chœur de Beauvais et les clochers de Chartres. Eh bien, d'ores et déjà, il faut ajouter à cette énumération la crypte de Lille, et cela sans préjuger du reste de l'édifice.

Si les parties achevées de ce souterrain font pressentir son ensemble, il n'en est pas de même de l'église supérieure, où les constructions, si remarquables qu'elles soient, sont encore trop restreintes pour donner une idée du futur monument.

C'est donc uniquement sur les plans et dessins qu'il faut s'appuyer pour en donner une description.

La façade principale rappelle Reims, dans ses lignes

architectoniques de la base au comble, et Chartres du comble au coq dominant les clochers ; elle rappelle ces deux superbes églises, mais sans les copier, avec moins de surcharges ornementales dans la partie inférieure et une plus grande pureté de style dans l'ensemble.

La façade, s'appuyant sur un perron de 12 degrés, s'étend sur une largeur de 30 mètres (37 avec les contreforts) et se divise en trois porches correspondant exactement aux trois nefs.

Ces porches, aux voussures profondes, sont garnis, dans leurs ébrasements, de statues symétriquement rangées sur des culs-de-lampe historiés ou feuillus et abritées sous des dais sculptés, au-dessus desquels planent, en les archivoltes de l'ogive, une nuée d'anges. Les portes, aux pentures de fer ouvragé, sont divisées par un trumeau au pilier orné d'une statue, tandis qu'au-dessus du linteau les tympans présentent un triple étage de bas-reliefs.

Chacun des pignons en saillie du portail, meublé de bas-reliefs enfermés dans une arcature trilobée, soutient un ange debout à l'extrémité de son gable.

En retrait des pignons règne une première galerie de statues.

Plus haut, rayonne dans son délicat réseau de pierre la grande rosace, de 8 mètres 50 de diamètre, inscrite dans une arcade ogivale et, de chaque côté, s'ouvrent des fenêtres aux ogives géminées.

Enfin, au sommet de la façade, et sur toute sa

largeur, s'étend une galerie ne renfermant pas moins de vingt-trois statues placées côte à côte dans une suite de niches pittoresques. Le choix des personnages à représenter n'est pas encore arrêté. Sera-ce, comme à Paris, la série des rois de France, comme à Amiens celle des rois de Juda, comme à Reims celle des prophètes, ou plutôt, liant notre cathédrale aux souvenirs de notre histoire locale, y verrons-nous la suite des comtes de Flandre ? Cette hypothèse n'est peut-être pas la moins probable.

Surmontant cette galerie, une balustrade, garnie de statues à la rencontre des contreforts, et coupée au centre par le gable et la croix du grand comble, termine la masse de la façade.

Alors, les deux tours se dégagent, audacieuses et rendues diaphanes par l'évidement des longues et sveltes ogives. Carrées au premier étage, octogones au second, elles se couronnent de huit pignons aigus enserrant les flèches d'une structure élégante, qui s'élancent jusqu'à 115 mètres de haut et qui, dominant nos vastes plaines du Nord, diront au loin la foi et la piété de notre population.

Cette façade, en laquelle se résume, comme en une splendide préface, la richesse du monument et qui tout d'abord donne une idée générale de sa magnificence, sera d'une impression grandiose par son envolée superbe, imposante par sa masse colossale, et véritablement merveilleuse dans son ensemble, tant par la puissante unité du style, l'abondance sans prodigalité de l'ornementation, la conception des bas-reliefs, la répartition des cent grandes statues, la saine et solide beauté de l'ordonnance, que par l'intention marquée de laisser subsister assez de nus, assez de parties tranquilles pour conserver toute leur pureté aux lignes architecturales.

Le pourtour de l'église avec ses robustes contreforts à pinacles, ses pyramides, ses clochetons, ses niches peuplées de saints, ses arcs-boutants épaulant les voûtes dont ils contre-balancent la poussée, les rosaces des transepts, les colonnettes séparant le haut fenêtrage de la voûte, et la flèche du croisillon dressant à 82 mètres, comme une sublime aigrette, les rayons de sa croix triomphante ; ses pignons aigus et ses gables aux rampants garnis de crochets en forme de crosses, ses gargouilles, ses consoles, ses moulures, ses balustrades ajourées du petit et du grand combles bordant des chemins de ronde hardiment jetés dans les airs, ses fers forgés de la crête, ses surfaces calmes et sans ornementation se reliant à la façade principale, tout cela est d'une grande et belle allure qu'accuse encore le choix des matériaux, tout en grès, dans les soubassements, et en pierre de Soignies jusqu'à la naissance de la haute toiture anguleuse.

S'il nous était permis d'émettre un vœu pour le choix des statues à placer dans les innombrables édicules qui forment, aux différents étages, comme une ceinture de personnages autour de notre église, nous demanderions que les niches supérieures, celles qui sont le plus près du ciel, soient affectées aux saints du diocèse. On n'aurait que l'embarras du choix en puisant dans le beau livre que M. le vicaire général Destombes leur a consacré et où pour chaque jour de l'année il a pu en offrir à l'exemple, à la méditation et à la piété des fidèles.

Mais les anciennes cathédrales parlent à la fois du ciel et de la terre, et ce ne serait pas s'écarter de l'esprit qui les inspirait que de placer dans les niches inférieures des personnages représentant les métiers modernes et les corporations anciennes de la ville.

Le travail bien compris n'est-il pas une forme de la prière, et dans ce pays d'industrie n'a-t-il pas sa place au pourtour de la basilique ?

Ces images, que seraient-elles, sinon la représentation même de la cité massée au pied de la collégiale ? Que seraient-elles, sinon l'évocation des anciennes ghildes, ces confréries de métiers si croyantes, auxquelles notre ville a dû le maintien de sa foi, ses franchises, son indépendance et sa prospérité ? Et quel plus beau cortège donner à la Vierge de Lille que celui des saints et des travailleurs du pays !

Mais, en émettant ce vœu, n'arrivons-nous pas bien tard et n'en sommes-nous pas encore à désirer ce que peut-être déjà le comité de l'œuvre a décidé ?

Revenons donc à notre description, et, après avoir dit que la hauteur extérieure de l'édifice sera de

47 mètres, pénétrons à l'intérieur dont l'aspect est d'une majesté particulièrement étonnante.

Quarante-six colonnes isolées, cantonnées chacune de huit colonnettes, et dont la base présente de larges feuilles ou *griffes* qui s'étalent sur l'angle des soubassements, soutiennent des arcades aiguës ; de leurs chapiteaux s'élancent, en lignes simples et nobles, des faisceaux de colonnettes destinés à supporter les nervures de la voûte principale qu'ils portent à 32 mètres, tandis que celles des bas-côtés montent jusqu'à 15 mètres et s'appuient vers les murs sur un nombre égal de colonnes engagées. Cette forêt de colonnes en pierres bleues et les vastes perspectives qu'elles ouvrent — une des beautés de l'architecture ogivale — auront ici leur maximum d'effet.

Les bas-côtés se prolongent en déambulatoire autour du chœur.

La nef comprend six travées et le transept trois.

Le chœur n'aura pas moins de 32 mètres de long ; on l'a voulu assez vaste pour permettre aux cérémonies du culte de se déployer dans toute leur ampleur, dans leur pompe et leur éclat et pour suffire au personnel d'un chapitre cathédral le jour où Lille aura enfin son évêché.

Au-dessus des arcades maîtresses circule la claire-voie d'un élégant triforium, à ogives géminées, s'ouvrant sur une véritable galerie, plus haut règne une balustrade, découpée en quadrilobes et déroulant sa dentelle de pierre le long d'un audacieux promenoir, puis commencent les hautes fenêtres lancéolées, au sommet desquelles s'inscrit le somptueux décor des petites rosaces.

Un bandeau, aux arabesques de fleurs et de feuillage, court au pied et au sommet du triforium et, avec la balustrade, rompt, par ses lignes horizontales, la monotonie des lignes perpendiculaires, il repose le regard, que fatiguerait la perpétuelle ascension des verticales qui montent vers le ciel comme l'élan de l'âme et s'infléchissent dans les nervures, jusqu'au claveau fleuronné de la voûte, comme des mains qui se joignent pour la prière.

Par l'unité de la composition, l'harmonie des proportions, le fini des détails, la grande nef, rivale de celle d'Amiens, sera un inestimable chef-d'œuvre.

Faut-il faire la description des riches chapiteaux que tout le monde à Lille connaît, dépeindre les verrières à personnages ou en grisailles qui projetteront dans l'édifice cette lumière prismatique si suave dans les grandes cathédrales ? Faut-il dire ce que seront les autels, les retables, châsses, torchères, couronnes de lumière, lutrins, la chaire, les stalles, le banc d'œuvre, les confessionnaux, les bénitiers, les grilles ouvragées, le buffet d'orgue, les fonts baptismaux, en un mot tout le mobilier conçu dans le même style que l'église et dont l'exécution sera confiée à des artistes éminents ? Un livre n'y suffirait pas.

Bornons-nous à constater que les collatéraux s'éclaireront par de longues fenêtres ogivales, de près de 7 mètres de haut, couronnées par une rosace de 1 mètre 10 de diamètre ; disons que les chapelles absidales, au pourtour orné d'élégantes arcatures, auront pour titulaires des saints particulièrement aimés des Lillois, et arrêtons-nous à la chapelle de la grande abside, où, sous un magnifique ciborium d'orfèvrerie, — dont celui que l'on connaît n'est que le modèle, — sera placée la statue vénérée de N.-D. de la Treille.

C'est cette chapelle dont le gros œuvre se continuera cette année, mais sa décoration ne viendra que plus tard, notamment celle du sol, une des plus ravissantes que l'on puisse voir. De grandes plaques de marbre blanc, incrustées de matières colorées, rediront, en exergue, les litanies de la sainte Vierge, tandis qu'au centre de chaque pierre des figurations emblématiques s'harmoniseront avec le texte pieux.

Le reste de l'édifice aura également un pavé historié par le moyen de l'incrustation.

La polychromie intérieure de notre cathédrale se bornera sans doute à la chapelle de la Vierge, où des anges peints dans les caissons de la voûte, entre les nervures des ogives, se détacheront sur un fond d'azur ; à cette décoration il faudra joindre la voûte étoilée du chœur. L'iconographie, dans les églises ogivales, est le plus souvent resserrée dans les limites de la statuaire et de la peinture sur verre. Mais quel vaste champ les vitraux, qui remplacent,

GRANDE CHAPELLE ABSIDALE DÉDIÉE A N.-D. DE LA TREILLE

ici, les surfaces pleines des églises romanes, ne laissent-ils pas à la représentation des saints, des prophètes, des scènes de l'Ancien et du Nouveau Testament !

Au dehors, d'ailleurs, la statuaire peut avoir les rehauts de couleur que lui donnèrent, à l'exemple des Grecs, les artistes du moyen âge. Il est établi que les trois portails de N.-D. de Paris, la grande rosace de la façade, les statues de la galerie des rois étaient peints et dorés, et aujourd'hui même la dorure primitive peut se voir encore au sommet du tympan de la porte principale. Notre basilique, qui doit refaire si complètement le gothique de la première moitié du XIIIe siècle, ne saurait se dérober à cette conséquence charmante du style adopté.

A l'heure présente, en acquisition de terrains, travaux préparatoires, plans, maquettes, fondations, constructions, cloches, pierres funéraires, etc., plus de deux millions ont été employés. Toute la dépense obscure, c'est-à-dire celle qui, comme l'achat des terrains, ne se traduit pas par des constructions, étant achevée, les libéralités faites désormais à notre basilique seront exclusivement employées à la bâtisse et donneront aux souscripteurs la joie de voir les fruits de leur générosité dans l'extension chaque jour plus grande des travaux.

Les considérations de pure piété, qui doivent si fortement inciter les catholiques du Nord à poursuivre cette œuvre magistrale, ne sont pas de notre domaine, et bien que ce soient les seules en qui nous ayons confiance pour l'achèvement de ce monument, nous n'avons ni le caractère, ni l'autorité nécessaires pour y faire appel.

Chacun, d'ailleurs, trouvera en soi, dans sa propre conscience et dans son amour pour la Vierge de Lille, les arguments que, simple laïc, nous n'avons pas à produire ici.

Mais ce que nous pouvons dire, sûr d'être l'interprète de tous nos concitoyens, c'est qu'il n'est personne à Lille qui ne souhaite passionnément de voir achever cette œuvre colossale, qui, renouant la chaîne des temps, sera parmi nous l'équivalent de l'insigne collégiale de Saint-Pierre, détruite il y a un siècle ; c'est que tous — le plus grand nombre par piété, les autres par amour de l'art et patriotisme local — voudront contribuer à son édification, et que, pour cette œuvre de prédilection, il y aura des générosités sans nombre et un élan nouveau.

Combien qui, par leur situation, ne peuvent contribuer à nos œuvres de luttes, voudront apporter leur pierre à cette œuvre de paix si justement populaire !

Aussi, maintenant que la souscription se réorganise, on peut être certain qu'aux somptueuses offrandes des riches viendront s'ajouter en masse les précieuses oboles des pauvres, et que, Dieu aidant, les travaux n'auront plus d'interruption.

www.ingramcontent.com/pod-product-compliance
Lightning Source LLC
Chambersburg PA
CBHW060553050426
42451CB00011B/1893